¿Dónde crecen las plantas?

Louise y Richard Spilsbury

Heinemann Library
Chicago, Illinois

Customer Service 888-454-2279
Visit our website at www.heinemannlibrary.com

Editorial: Kate Bellamy
Design: Jo Hinton-Malivoire and AMR
Illustration: Art Construction
Translation into Spanish produced by DoubleO Publishing Services
Picture research: Ruth Blair and Kay Altwegg
Production: Severine Ribierre

Originated by Repro Multi Warna
Printed and bound in China by South China Printing Company Ltd

10 09 08 07 06
10 9 8 7 6 5 4 3 2 1

Library of Congress Cataloging-in-Publication Data
Spilsbury, Louise.
   [Where do plants grow? Spanish]
   Dónde crecen las plantas? / Louise y Richard Spilsbury.
       p. cm. -- (El mundo de las plantas)
   Includes index.
   ISBN 1-4034-9070-8 (lib. bdg.) -- ISBN 1-4034-9075-9 (pb)
   1. Plant ecophysiology--Juvenile literature. I. Spilsbury, Richard, 1963- II. Title. III. Series.
   QK717.S6518 2006
   581.7--dc22

                            2006006181

Acknowledgements
The publishers would like to thank the following for permission to reproduce photographs:
Alamy pp. **19** (Agence Images), **6-7** (David R. Frazier Photolibrrary, Inc.),
20 (Tim Graham), **16** (George and Monserrate Schwartz), **12** (Worldwide Picture Library); Corbis pp. **4a, 4b, 5a, 5b, 24, 25, 30b**; FLPA/Minden Pictures pp. **6** (Jim Brandenburg), **27** (Konrad Wothe); Getty Images pp. **4, 11, 21, 26, 30a, 30c** (Photodisc); Harcourt Education pp. **28, 29a, 29b** (Tudor photography); Naturepl.com pp. **15** (Niall Benvie), **23** (Pete Cairns), **14** (Chris Gomersall), **8** (Neil Lucas), **10** (Claudio Velasquez), **13** (Stefan Wildstrand), **9, 22**.

Cover photograph of desert plants growing in sand, New Mexico, USA, reproduced with permission of Corbis.

The paper used to print this book comes from sustainable sources.

Contenido

Algunas palabras están en negrita, **como éstas.**
Puedes encontrar lo que significan en el glosario.

¿Dónde crecen las plantas?

Las plantas crecen por todo el mundo.
Crecen cerca del océano, en los desiertos
y en las montañas.

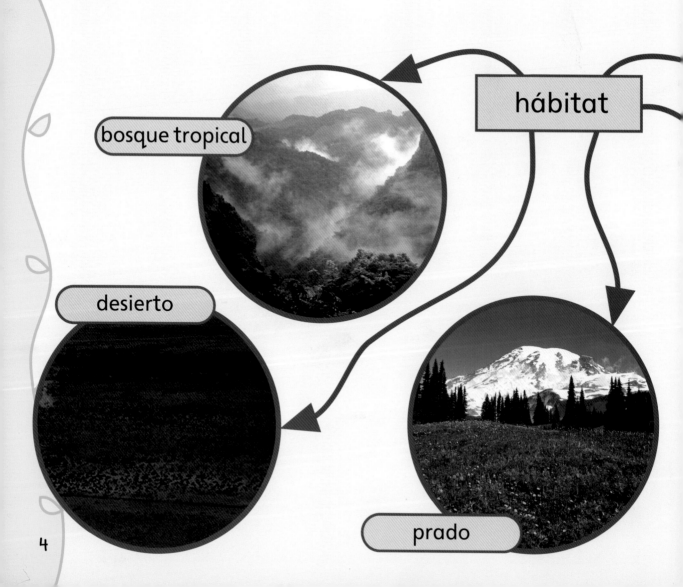

bosque tropical

hábitat

desierto

prado

Distintas plantas necesitan diferente cantidad de luz, agua y calor para crecer bien. El tipo de lugar donde vive y crece un grupo de plantas se llama **hábitat**.

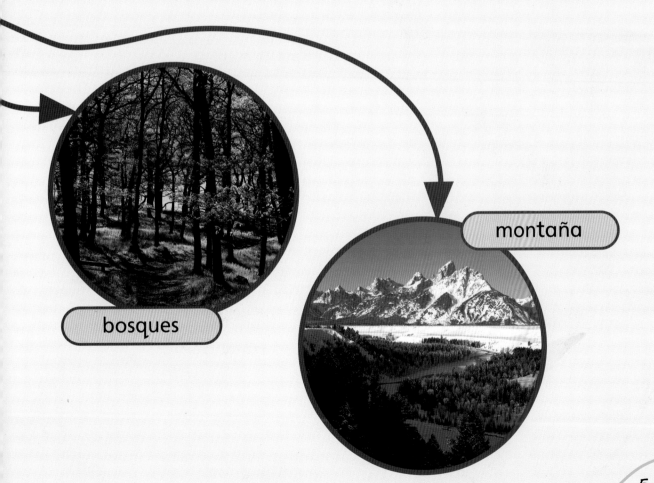

bosques

montaña

Praderas

Las áreas llanas cubiertas casi por completo de hierba se llaman praderas. Estos **hábitats** son cálidos y soleados y llueve bastante.

En la pradera norteamericana algunas hierbas pueden crecer casi a la altura de ¡un aro de baloncesto!

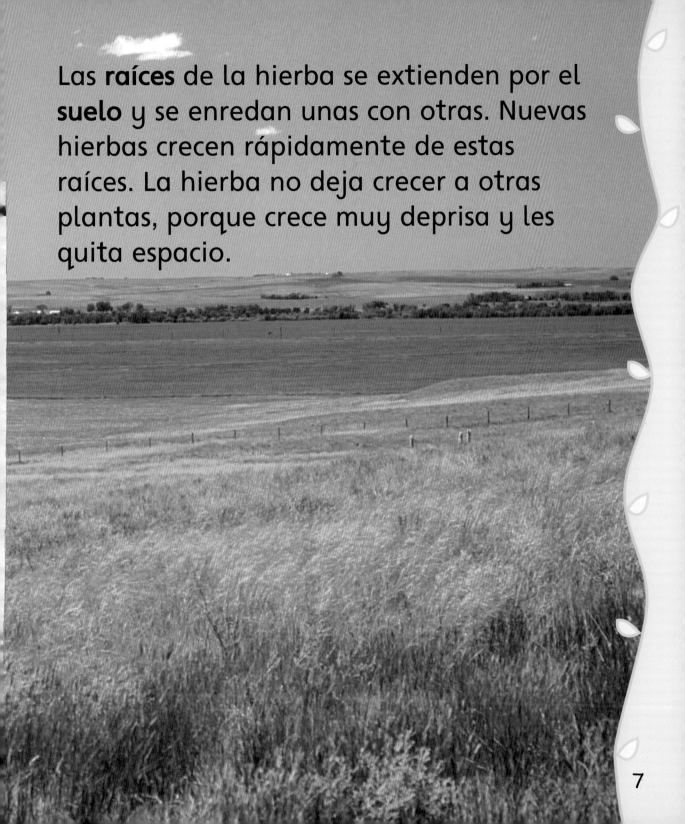

Las **raíces** de la hierba se extienden por el **suelo** y se enredan unas con otras. Nuevas hierbas crecen rápidamente de estas raíces. La hierba no deja crecer a otras plantas, porque crece muy deprisa y les quita espacio.

Matorrales

Algunas zonas cálidas reciben poca lluvia durante el año. En estos **hábitats** llueve lo suficiente para que crezcan unos pocos árboles y otras plantas. Estos hábitats se llaman matorrales.

Este matorral en Australia se está quemando.

En verano, las plantas en zonas de matorrales se pueden incendiar por el calor. Los **tallos** y las hojas se queman, pero las **raíces** están a salvo bajo tierra. De ellas crecen nuevos tallos y hojas.

Después de un fuego, las plantas de matorral ¡crecen de nuevo!

Desiertos cálidos y secos

Los desiertos son **hábitats** cálidos y secos donde llueve muy poco. Las plantas del desierto tienen formas especiales de almacenar agua. Así se mantienen vivas cuando no llueve.

Muchas plantas del desierto tienen **tallos** que se hacen más gruesos para poder almacenar más agua.

Los cactus tienen muchas espinas en sus tallos. Estas espinas son un tipo especial de hoja. No dejan que los animales con sed muerdan los tallos y se beban el agua que hay almacenada dentro.

Las espinas de este cactus son muy afiladas.

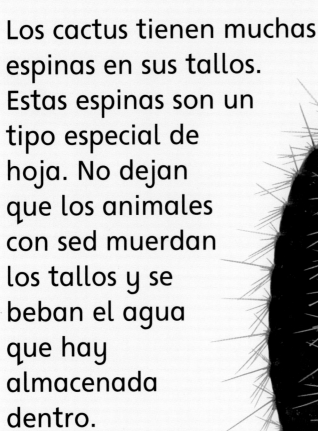

Bosques tropicales

Los bosques que crecen en lugares muy cálidos y lluviosos se llaman bosques tropicales. Los árboles de los bosques tropicales reciben mucha luz y agua y así crecen muy rápido y muy alto.

Algunos árboles altos en el bosque tropical tienen **raíces** muy grandes que los ayudan a sujetarse.

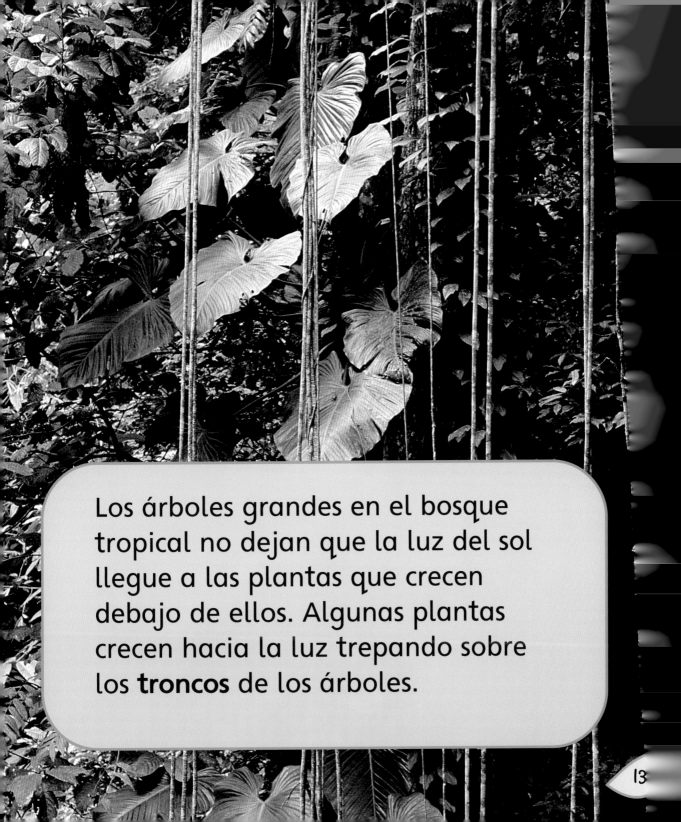

Los árboles grandes en el bosque
tropical no dejan que la luz del sol
llegue a las plantas que crecen
debajo de ellos. Algunas plantas
crecen hacia la luz trepando sobre
los **troncos** de los árboles.

Bosques de hoja ancha

Los bosques donde crecen el roble y la haya se llaman bosques de hoja ancha. Los bosques de hoja ancha crecen en lugares húmedos donde los veranos son templados y los inviernos frescos.

Los árboles en este bosque tienen hojas anchas y planas.

En otoño, los árboles de hoja ancha pierden todas sus hojas. La luz del sol llega hasta el suelo porque no hay hojas en su camino. Las plantas pequeñas comienzan a crecer. En primavera, los árboles echan hojas de nuevo.

En primavera, las plantas pequeñas cubren con flores el suelo del bosque.

Bosques de coníferas

Los bosques de pinos y abetos se llaman bosques de coníferas. Los bosques de coníferas crecen en lugares fríos.
La mayoría de las coníferas tiene hojas largas y delgadas que no se dañan con el hielo y la nieve.

Las coníferas no pierden todas sus hojas en invierno.

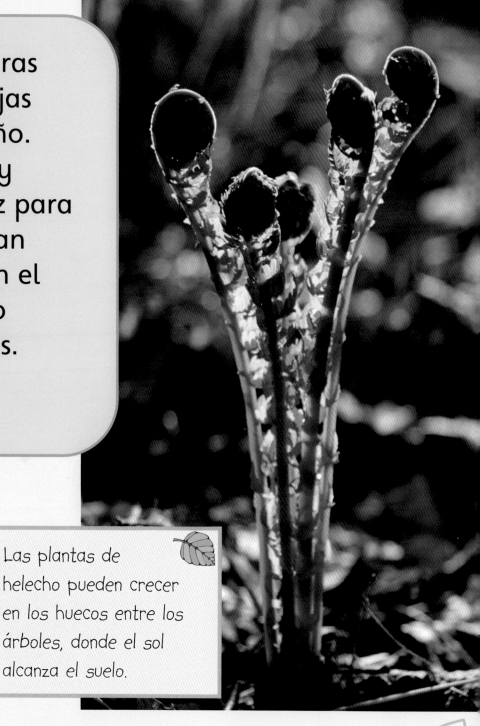

Las coníferas tienen hojas todo el año. Nunca hay mucha luz para que crezcan plantas en el suelo bajo los árboles.

Las plantas de helecho pueden crecer en los huecos entre los árboles, donde el sol alcanza el suelo.

Lugares fríos y secos

En las cimas de las montañas y en otros **hábitats** fríos y secos sólo crecen unas pocas plantas pequeñas. Algunas sobreviven creciendo pegadas al suelo o en las grietas de las rocas.

Las plantas de montaña se quedan pequeñas para mantenerse a salvo de los fríos vientos.

En los hábitats fríos, algunas plantas pequeñas tienen hojas y **tallos** peludos. Los pelos atrapan una capa de aire cálido. Así la planta mantiene su calor cuando el aire que la rodea es frío.

Estas flores tienen **pétalos** peludos para mantener el calor de la planta en lugares nevados.

Ríos y charcas

Las plantas que crecen en ríos y charcas cuentan con mucha agua, pero bajo el agua puede estar oscuro. Las plantas de estos **hábitats** tienen formas diferentes de conseguir la luz que necesitan.

Algunas plantas de río crecen en el **suelo** húmedo de la orilla.

Algunas plantas de agua tienen **tallos** rígidos que sostienen sus hojas hacia arriba. Otras flotan sobre el agua para conseguir luz. Tienen hojas flotantes, redondas y grandes.

Algunas plantas, como este lirio de agua, cubren la superficie de las charcas.

Costas

Los **hábitats** costeros están donde se encuentran la tierra y el océano. Las algas son como las plantas. Crecen en el mar, en la costa. Las algas son duras y babosas para que no las dañen las olas.

Las algas tienen partes llamadas grampones que las sujetan a las rocas para evitar que se las lleven las olas.

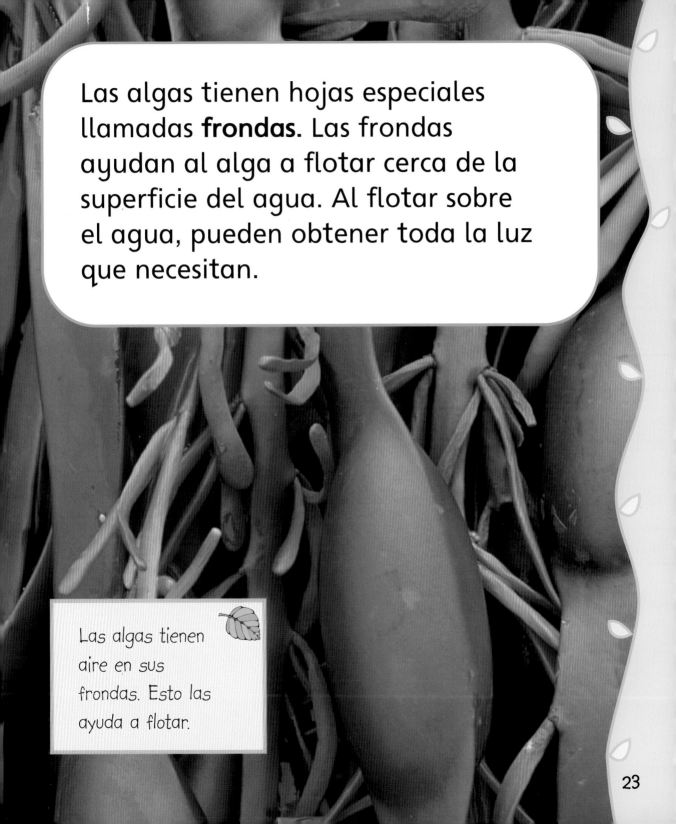

Las algas tienen hojas especiales llamadas **frondas.** Las frondas ayudan al alga a flotar cerca de la superficie del agua. Al flotar sobre el agua, pueden obtener toda la luz que necesitan.

Las algas tienen aire en sus frondas. Esto las ayuda a flotar.

Campos y granjas

Los granjeros de todo el mundo cultivan plantas que las personas pueden comer. Plantan **semillas** en los campos y riegan las plantas para que crezcan.

Estos son gigantescos campos de trigo. Las personas usan el trigo para hacer harina para el pan o la pasta.

Los tomates y otras plantas comestibles crecen mejor en lugares cálidos y soleados. En lugares más frescos, las personas cultivan tomates en invernaderos. Los invernaderos atrapan el calor del sol.

El aire cálido dentro de este invernadero ayuda a los tomates a crecer.

Pueblos y ciudades

En los **hábitats** de pueblos y ciudades, crecen muchas plantas en parques y jardines.
A las personas les gusta ver plantas de muchos colores. Plantan **semillas** y eligen dónde cultivar las plantas.

Cuando la tierra se descuida, el viento deja caer sobre ella **semillas** de plantas silvestres que empiezan a crecer. Estas plantas que nadie quiere se llaman hierbas malas. En los pueblos parte de la tierra está cubierta de hierbas malas.

El diente de león y el cardo son algunas de las hierbas malas que crecen en pueblos y ciudades.

¡Ahora te toca a ti!

¿Qué sucede cuando las plantas no tienen suficiente agua?

- Busca dos plantas que sean de la misma clase.

- Ponlas en un sitio soleado durante diez días.

- Riega una de ellas cada día.

- No riegues la otra planta.

¿Qué crees que sucederá?

La planta que no riegas se vuelve marrón. Incluso puede morir.

¿Qué ocurre si las plantas no reciben luz?

- Pon una planta en un sitio soleado.

- Pon la otra planta en un sitio oscuro.

- Riega las plantas todos los días.

¿Qué crees que sucederá?

La planta que está en el sitio oscuro debe ponerse pálida. Incluso puede morir.

¡Plantas increíbles!

¡Las plantas viven por todo el mundo!

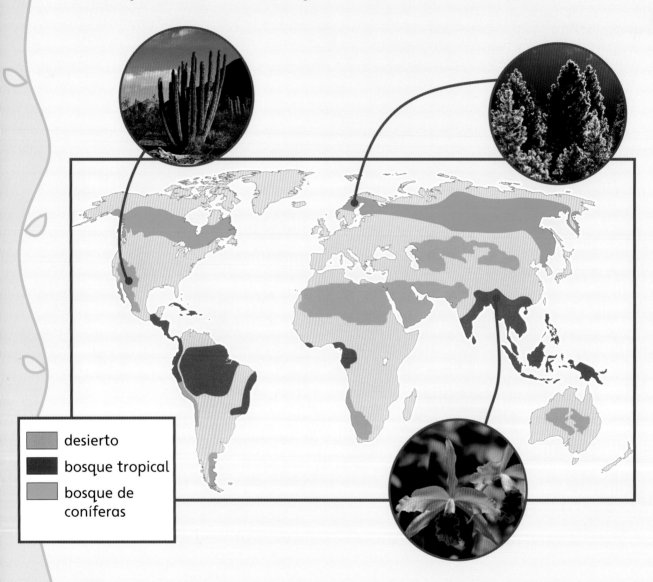

desierto

bosque tropical

bosque de
coníferas

Glosario

fronda   parte de un alga parecida a las hojas

hábitat   tipo de lugar donde vive un grupo determinado de plantas y animales

pétalo   parte de una flor

raíz   parte de la planta que crece bajo el suelo y que toma agua de él

semilla   parte de la planta producida por las flores. Las semillas pueden crecer y convertirse en una nueva planta.

suelo   tierra en la que crecen las plantas

tallo   parte de la planta que sujeta a las hojas y flores

tronco   tallo grande y leñoso de un árbol

Más libros para leer

Cooper, Jason. *Cactos.* Rourke Enterprises, 1991.

Kalman, Bobbie, and Smithyman, Kathryn. *El ciclo de vida del árbol.* Crabtree Publishing Co., 2005.

Parsons, Alexandra, and Watts, Claire. *Las plantas.* SM de Ediciones, 1993.
Un lector mayor te puede ayudar con este libro.

Whitehouse, Patricia. *Las hojas.* Heinemann, 2002.

Índice